AF247962

BANQUET
Du 7 Août 1878
A COUTANCES

DISCOURS

PRONONCÉ PAR

M. Ch. SAVARY.

DÉPUTÉ

Sous-Secrétaire d'État au Ministère

de la justice

Et a la Présidence du Conseil.

CARENTAN

Imprimerie du *Cotentin.*

1878

BANQUET
Du 7 Août 1878
A COUTANCES

DISCOURS

PRONONCÉ PAR

M. C$_H$ SAVARY

DÉPUTÉ

Sous-Secrétaire d'État au Ministère

de la Justice

Et à la Présidence du Conseil.

CARENTAN

Imprimerie du *Cotentin.*

1878

BANQUET
DU 7 AOUT 1878
A COUTANCES

Le 7 Août dernier, par les soins du Conseil municipal de Coutances, un banquet par souscription a été offert à M. Savary, député, sous-secrétaire d'Etat au ministère de la Justice et à la présidence du Conseil. Plus de 500 personnes y assistaient.

A la fin du banquet, M. Savary répondant à un toast qui lui était porté par M. Boissel-Dombreval, maire de Coutances, a prononcé le discours suivant :

Messieurs,

Je ne sais comment vous exprimer d'une façon qui réponde aux sentiments que j'éprouve, la gratitude que m'inspirent les paroles si cordiales et beaucoup trop flatteuses pour moi, qui viennent d'être prononcées par M. le maire de Coutances. Je remercie M. le maire et le Conseil municipal qui ont pris l'initiative de ce banquet, vous tous, Messieurs, qui avez répondu à leur appel, les organisateurs de cette fête qui ont accompli un véritable coup de théâtre en nous réunissant dans la même salle qui était disposée ce matin même pour une cérémonie scolaire, et dont la décoration achevée, introduite ici en quelques heures, comme par une véritable féerie, a frappé d'abord tous vos regards et obtenu tous vos suffrages. (Vives et nombreuses marques d'approbation.)

Comment résisterai-je à l'émotion que je ressens, en apercevant autour de moi tant de visages amis, tant de compatriotes avec lesquels je n'avais pas eu jusqu'ici la bonne fortune de pouvoir m'entretenir dans une réunion commune, de nos intérêts, de nos vœux et de nos espérances, et dont le concours empressé m'est aujourd'hui doublement précieux, puisqu'il m'est impossible de ne pas voir dans la pensée qui les a amenés des divers points de notre arrondissement, une nouvelle preuve de la sympathie affectueuse qu'ils ont tenu à témoigner à leur représentant. (Oui, oui… applaudissements.)

Et cependant, ce n'est point le sentiment qui me domine. Au milieu de la satisfaction de l'heure présente, ma pensée se reporte involontairement à quelques mois en arrière : car c'est vraiment à cette époque que se sont resserrés d'une façon indestructible pour moi les liens qui nous unissent. Je ne saurais oublier qu'au moment où vous étiez sollicités, circonvenus, en butte aux obsessions et à la menace, où un vaste système de diffamation officielle était organisé dans tout le pays et où nos réponses ne vous arrrivaient qu'à travers mille difficultés et mille entraves, ni les calomnies, ni les outrages dont on assaillait alors les candidats libéraux n'ont pu triompher de votre fermeté et de l'énergique persistance de vos sympathies. A l'époque où tout était mis en œuvre pour égarer votre jugement et pour dénaturer à vos yeux nos actes passés et nos desseins à venir, vous ne vous êtes ni laissés tromper, ni intimider, ni séduire, et vous avez eu foi dans ma parole. (Nouveaux applaudissements.)

Messieurs, je ne crois pas que nous devions trop vite, ni trop légèrement détourner nos regards de ce passé récent, et si je me crois obligé de vous en parler encore, ce n'est point assurément pour me donner le facile plaisir de me livrer à des récriminations, qui, de ma part, seraient sans bonne grâce, c'est pour y puiser au sujet d'aujourd'hui, au sujet de demain, un enseignement dont l'évidente nécessité doit apparaître à tous vos yeux.

Vous vous rappelez tous quel avait été le caractère de la campagne entreprise à la suite du 16 Mai, dans un but électoral. Du jour au lendemain, d'un bout de la France à l'autre, un même mot d'ordre avait été donné et tous les représentants ou tous les serviteurs de la pensée gouvernementale, dans leurs journaux, dans leurs discours, dans mille documents qu'on distribuait à nos portes ou qui s'étalaient sur nos murs, s'efforçaient à l'envi de jeter dans les esprits mille terreurs chimériques, d'évoquer dans nos campagnes le spectre de la discorde et de la guerre civile, en imputant au parti qu'on voulait ruiner dans votre confiance, la responsabilité de projets absurdes ou ridicules.

Dans leur injurieux dédain pour le suffrage universel, les hommes qui détenaient alors le pouvoir, avaient dogmatisé l'impuissance où ils étaient de soumettre avec quelques chances de succès à votre jugement, les véritables causes du conflit qui troublait et qui inquiétait le pays ; et ne trouvant point à la nation dont ils invoquaient l'arbitrage, l'esprit assez délié ou le sens assez sûr pour discuter devant elle leur politique et la nôtre, ils avaient résolu de vous traiter comme ces enfants qu'on menace de visions effrayantes, et dont on s'efforce de se rendre maître en peuplant leur imagination de vains fantômes ; et pour ma part, le sentiment le plus vif que j'aie éprouvé pendant cette période d'agitation et de troubles est celui de l'humiliation que je ressentais pour mon pays, en voyant le peu de cas que faisaient de son intelligence et de son jugement ceux qui au moment même ou ils aspiraient à l'honneur de diriger ses destinées, avaient recours auprès de lui, à ces fables grossières, et n'apercevaient d'autre moyen de gouvernement que la peur, pour établir leur pouvoir et pour surmonter les résistances de la raison publique. (Applaudissements répétés.)

On vous disait que nous voulions renverser M. le maréchal de Mac-Mahon, et que la victoire du parti libéral serait le signal des plus violentes attaques contre l'autorité constitutionnelle du président de la République.

On vous disait que pour remplacer M. le maréchal de Mac-Mahon, nous avions un candidat tout désigné et tout prêt à se saisir du pouvoir; et l'on indiquait un membre éminent de la Chambre des députés, appartenant aux opinions de l'Union républicaine, dont on dénaturait les actes dans le passé, dont on contestait les services, dont on méconnaissait le patriotisme, et auquel on prêtait des idées, des vues, un programme auxquels il n'avait jamais songé...(Applaudissements) mais dont on voulait le charger afin de nous en imputer une part, et de faire peser sur nous les périls d'une responsabilité imaginaire. (Nouveaux applaudissements.)

On vous disait encore, qu'au lendemain de notre retour, si par hasard ou par malheur vos suffrages nous ramenaient en majorité dans le sein du parlement, vous assisteriez à une nouvelle persécution religieuse dirigée contre la foi catholique, contre ses ministres, contre ses monuments.

On vous disait que dans notre passion de tout désorganiser, — passion sans doute d'autant plus ardente que jusqu'ici elle était restée à l'état vierge et que dans notre vie politique antérieure il était impossible d'en découvrir aucune trace appréciable, — nous nous proposions de porter la main sur toutes les institutions du pays et notamment d'atteindre l'armée, et ainsi de porter un coup mortel à l'œuvre de reconstitution de notre puissance militaire ; et un organe officiel le *Bulletin des Communes*, se faisait l'écho et le propagateur de toutes ces calomnies, et après nous avoir assimilés en propres termes, aux assassins et aux incendiaires, il déclarait que nous voulions détruire « tout ce qui fait la force et la grandeur de la France. » (Longues et bruyantes exclamations.)

Messieurs, nous vous disions alors que l'on se moquait de vous... (Vifs applaudissements). Nous vous disions que ceux qui vous adressaient ces paroles ne pensaient pas un mot de ce qu'ils disaient, mais qu'ils obéissaient au dessein préconçu de capter vos suffrages en égarant votre jugement. Vous avez bien voulu nous croire, et depuis lors, en dehors des faits qui ont parlé assez haut pour convaincre les plus passionnés ou les plus crédules, nous avons récemment rencontré dans notre thèse d'il y a un an, un auxiliaire inattendu.

En effet, dans un procès qui a été plaidé il y a peu de jours devant le tribunal de la Seine, M. de Fourtou, le ministre de l'Intérienr d'alors, poursuivi comme diffamateur, à raison de l'article du *Bulletin des Communes* dont je viens de rappeler les termes, a fait plaider par son avocat, qu'il n'avait jamais approuvé cet article, qu'il en avait vivement regretté la publication, qu'appelé à la tribune à défendre tous les actes de son ministère, il n'avait jamais consenti à assumer la responsabilité de celui-ci et qu'il fallait attribuer ces calomnies et ces outrages à l'excès de zèle d'un agent maladroit et désavoué. (Exclamations et applaudissements.)

En enregistrant cette réparation tardive, nous ne pouvions nous empêcher de regretter que le désaveu dont on nous parle aujourd'hui eut eu la mauvaise chance de ne jamais parvenir dans nos provinces. Nous ne pouvions nous empêcher de penser que, pour employer un mot de la langue du temps, il fallait que c'eut été un désaveu bien « latent »... (Vifs applaudissements), puisque l'article désapprouvé au mois de juillet 1877, par M. de Fourtou avait servi de thème, pendant les mois qui ont suivi, à toute la campagne électorale entreprise dans nos départements au profit des candidats officiels, et puisqu'il avait été reproduit, affiché, commenté, aggravé d'un bout de la France à l'autre par les agents infimes et subalternes de la pensée ministérielle. (Nouveaux applaudissements).

Messieurs, avant ce désaveu, les événements avaient parlé d'une voix assez claire pour donner raison à nos protestations et à vos suffrages.

Que s'est-il passé, en effet, au 14 octobre et depuis la date du 14 octobre dernier ?

Vous ne vous êtes laissé convaincre ni par ces paroles violentes ni par ces calomnies intéressées. Vous avez maintenu vos suffrages à vos mandataires. En dépit de toutes les tentatives qui étaient faites pour altérer la sincérité de votre vote, vous vous êtes refusés à considérer comme des hommes dangereux ou coupables les députés qui avaient suivi dans la dernière Chambre une ligne de conduite scrupuleusement conforme à leur programme public, et à vos désirs clairement manifestés. La dernière Chambre réélue par vous est devenue la Chambre nouvelle et elle a repris sa place au sein de nos institutions, avec l'accroissement d'autorité que devaient naturellement lui donner les attaques impuissantes dont elle avait été l'objet, et la solennelle consécration du suffrage universel. Que s'est-il réalisé parmi les menaces dont vous étiez assaillis avant le 14 octobre ?

M. le Président de la République après avoir consulté le pays à constitutionnellement déféré a sa volonté. il a appelé à la tête des affaires un ministère libéral et le calme s'est rétabli dans les esprits. On vous avait dit que le premier acte de la Chambre réélue serait de s'efforcer de renverser M. le Président de la République. Il n'en a pas été question un seul instant. Jamais l'autorité constitutionnelle du chef du Pouvoir exécutif n'a été plus complétement respectée par le parti républicain, et sauf quelques outrages adressés de temps à autres à M. le maréchal de Mac-Mahon par ceux qui le soutenaient sous le 13 Mai en le calomniant et qui ne peuvent lui pardonner aujourd'hui d'avoir déçu leurs criminelles espérances, aucune attaque d'aucune sorte n'est dirigée contre la personne ou contre les droits du premier magistrat de la République. (Vifs applaudissements).

Il est également impossible d'apercevoir aucune trace de la persécution religieuse qu'on vous avait annoncée à grand bruit ; et quant aux églises qui devaient être pillées ou détruites par de nouveaux Vandales, vous avez pu constater non seulement qu'elles étaient toujours debout, mais en outre que la libéralité du Gouvernement était toujours prête à s'exercer au premier appel.... (Hilarité et applaudissements), lorsqu'il s'agissait de les réparer ou de les reconstruire.

On vous avait parlé des desseins de la majorité contre l'armée; et le premier acte de cette majorité a été de faire trève à tous les travaux qui sollicitaient son attention ou son intérêt pour voter en faveur de l'armée deux lois considérables. L'une d'elles accorde une prime de réengagement à nos sous-officiers et permettra ainsi de donner aux cadres plus de solidité et de cohésion. La seconde émanée de l'initiative de la Chambre elle-même assurera désormais à nos officiers une pension de retraite plus large que par le passé; en améliorant leurs conditions d'avenir elle permettra à ces braves serviteurs de l'Etat d'envisager sans inquiétude l'époque de la vieillesse et celle, d'un repos noblement acquis, et par là même elle contribuera à accroître notre puissance militaire, en ouvrant à ceux qui se dévoueront à cette mission patriotique une carrière désormais à l'abri des soucis et des incertitudes de l'avenir. (Applaudissements).

Messieurs, voilà quel a été depuis près d'un an, le rôle de la Chambre des députés. Voilà comment elle a répondu aux attaques et aux sinistres prédictions dont elle était l'objet. Ce ne sont plus ici des paroles toujours sujettes à quelques contestations, ni des promesses que le vent peut emporter. Vous êtes en présence de faits irrécusables, et au démenti que nous donnions il y a quelques mois à des imputations ridicules ou odieuses est venu se joindre aujourd'hui le démenti plus grave, plus décisif que les événements leur ont infligé et leur infligent encore chaque jour. (Nouveaux applaudissements).

Et pourquoi ai-je cru nécessaire de vous rappeler ces choses ! C'est qu'il y a pour l'avenir un enseignement immédiat à en tirer. Ce qu'on a tenté hier contre votre raison on peut le recommencer demain. Il y a des ambitions qu'aucune expérience ne décourage et des rancunes toujours prêtes à recourir aux mêmes moyens pour se donner carrière, parce qu'en dehors de la force qui heureusement leur échappe, elles ne disposent que de l'erreur et de l'intimidation. Peut-être recommencera-t-on d'ici à peu de semaines à vous peindre l'avenir sous les couleurs les plus effrayantes et les plus fausses. Eh bien ! on a déjà voulu vous tromper une fois ; on n'y a pas réussi. Il ne faut pas qu'il reste une chance de succès à ceux qui seraient tentés de renouveler là même épreuve. (Non ! non ! Vifs applaudissements).

Vous qui avez le bonheur de vivre sous un régime de liberté réglée ; vous dont la fermeté et la clairvoyance ont contribué à garantir à notre pays la possession de ce bien précieux, considérez par les exemples du passé de quel intérêt il est pour une nation d'intervenir dans la direction de ses propres affaires et combien vous ont mal conseillés ceux qui vous poussaient à vous désintéresser de vos droits pour vous renfermer exclusivement dans le soin de vos affaires privées, comme si vos intérêts particuliers n'étaient pas intimement liés à la marche paisible et prospère des affaires du pays.

Deux fois, en un court espace de temps, vous avez été amenés à en faire la cruelle expérience.

Il y a dix ans, vous étiez régis par un gouvernement auquel la France avait prodigué à trois reprises différentes des millions de suffrages. Ce gouvernement s'appuyait sur une légende pleine de glorieux souvenirs. Il avait eu le rare bonheur de voir tourner au profit de son influence et de sa popularité le développement inouï de prospérité et de bien être auquel nous assistons depuis un demi-siècle. Il se présentait à vous par le côté démocratique de son origine et de ses aspirations, comme le continuateur et l'héritier de la révolution française. Mais il n'entendait vous servir qu'à la condition d'être un maître absolu et jaloux. Il vous disait de vous désintéresser de la politique et de le laisser faire. Il vous disait de laisser aux grandes villes avec lesquelles il s'efforçait de vous maintenir dans un funeste état d'antagonisme, le triste privilége d'une opposition stérile.

Qu'aviez-vous à vous mêler aux écarts de quelques esprits brouillons, de quelques ambitions mal réglées ? Le Gouvernement d'alors s'était chargé de faire vos affaires pour vous et son assurance redoublait avec les années et avec le succès et il vous disait : L'ordre, j'en réponds ! La paix, j'en réponds ! La victoire, j'en réponds !

Le suffrage universel n'était pas encore en pleine possession de lui-même; vous n'étiez pas éclairée comme aujourd'hui par le spectacle d'irrémédiables désastres. Vous l'avez laissé faire. Vous avez à trois reprises amnistié son origine, et faute d'un Corps législatif assez librement élu pour exercer sur l'état de notre armée, qu'on nous disait prête, son droit de vérification et de contrôle; par suite de l'erreur qui vous avait fait repousser les candidats indépendants, dont le premier acte eût été de s'opposer à une guerre entamée sur des prétextes chimériques, vous avez été entraînés en 1870, sans le prévoir, sans le vouloir et sans pouvoir l'empêcher, dans cette entreprise funeste qui a coûté à la France tant d'hommes et tant de milliards, et qui a laissé au flanc de la patrie défaite et mutilée, une blessure saignante encore... (Applaudissements répétés).

Et comme s'il fallait que l'épreuve fut complète, vous avez vu réapparaître, il y a maintenant plus d'une année, un gouvernement qui vous disait, lui aussi, que la politique n'était pas faite pour vous. Il vous disait que le suffrage universel abandonné à lui-même s'était laissé séduire par de pernicieuses ou coupables doctrines et qu'il avait élu en 1876 des députés dont la présence était un péril permanent pour la sécurité et pour le repos public. Il se présentait à vous comme un sauveur armé de droits de tutelle qu'il s'était décernés à lui-même, et il vous disait : je sais mieux que vous ce qui vous convient. A la place des députés que vous aviez librement élus, je vais désigner à vos choix des candidats o   els dont j'aurai moi-même contrôlé le programme et reconnu la docilité.

A cette époque l'anxiété publique était grande ; non que le pays se fut associé aux alarmes qu'on s'efforçait de répandre à l'endroit du parti libéral ; mais ses préoccupations avaient un objet bien autrement grave et bien autrement sérieux. A peine entré en possession d'un gouvernement régulier et définitif, au lendemain d'une transaction qui semblait devoir lui assurer de longs jours de repos et de travail pacifique, il se voyait subitement ramené en arrière et livré de nouveau à toutes les entreprises et à tous les hasards. Il voyait que la campagne entamée dans le pays avait le caractère d'un assaut conduit par les ennemis coalisés de nos institutions, et en songeant au lendemain, il se demandait avec angoisse quel était l'avenir que pouvaient lui réserver ces ennemis acharnés de la République, impuissants à se partager ses dépouilles, et condamnés, en cas de succès, à s'entredéchirer sur son sol, jusqu'à ce que la fortune eut décidé entre trois monarchies rivales. (Applaudissements).

Grâce à Dieu, vous n'avez pas écouté les pernicieux conseils de ceux qui vous demandaient de revenir aux carrières de la candidature·officielle et d'abdiquer entre ces mêmes mains dans lesquelles ils tenaient la pomme de discorde. (Bravos et applaudissements). Vous avez résisté avec fermeté, avec patience ; vous avez résisté résolument et silenc·eusement avec la modération et la ténacité qui conviennent à des hommes maîtres d'eux-mêmes et dignes de la jouissance des libertés publiques. (Nouveaux applaudissements), et par vos libres suffrages vous avez détourné du pays les périls dont votre abdication l'eut menacé. Le calme a été rétabli dans les esprits. Nos institutions se sont raffermies. La France a pu reprendre sous une politique prudente et conforme à votre attente comme à vos suffrages, le cours paisible de ses destinées. (Applaudissements répétés.)

Eh bien ! ne laissons pas perdre cette double leçon ; sachons en tirer pour la conduite de notre vie les enseignements qu'elle comporte. Sachons y puiser une confiance et une

activité nouvelles et ne sortons point
de cette enceinte sans être convenus
ensemble de poursuivre dans nos
campagnes une véritable croisade
contre ce qui reste de l'ignorance
et de l'apathie politique. (Nouveaux
et vifs applaudissements).

Assurément, nous ne sommes ni
assez déraisonnables ni assez im-
prévoyants pour demander aux hommes sur lesquels pèse le fardeau de
la vie, aux hommes de labeur dont
les heures sont remplies par une
tâche quotidienne et sur lesquels re-
pose le souci de l'existence ou de
l'éducation d'une famille...., nous ne
sommes point assez insensés pour
leur demander de déserter ces intérêts
précieux et pour vouloir faire d'eux des
politiques subtils et consommés dans
les finesses de la science constitutionnelle.

Mais nous leur disons : si dure et
si laborieuse que soit votre tâche, il
y a un jour, il y a des heures où le
soin de vos forces et les nécessités de
la vie vous ramènent autour du fo-
yer. Ce ne sera rien enlever à ces
heures de repos, de conversation ou
de loisir que de laisser une porte ou-

verte dans votre esprit aux nouvelles du dehors et au souci des intérêts publics. Entrez en communication avec vos mandataires, depuis ceux auxquels vous avez confié la mission de vous représenter dans les assemblés de la nation ou du département jusqu'à ceux qui, vivant auprès de vous d'une vie semblable à la vôtre, vous représentent dans les modestes conseils de vos communes ; éclairez-vous de leurs lumières, ne soyez point indifférents à l'œuvre qu'ils accomplissent. Vous leur avez abandonné le soin de la conduire dans ses détails ; eux seuls pouvaient s'en charger. Mais vous n'êtes point incapables d'en distinguer les grands traits et de vous affermir dans votre sentiment et dans vos choix, en vous rendant raison à vous-même de la confiance que vous avez donnée à vos élus. Ne croyez pas que les intérêts publics dont ils sont dépositaires soient pour vous quelque chose d'étranger. La politique, c'est la tranquillité du pays qui vous permet de faire vos affaires, c'est l'impôt que vous payez, c'est le sang de vos enfants ! (Applaudissements).

Aidez-nous donc, messieurs, aidez-nous à faire pénétrer dans le corps électoral les doctrines de la politique moderne et libérale que nous voulons faire prévaloir et dont nous voulons assurer la durée. Aidez-nous à propager dans les campagnes des journaux qui soutiennent cette politique et qui nous permettent d'être par leur intermédiaire en communication plus constante avec le suffrage universel. C'est la partie immédiate de notre tâche. Nous avons pu en constater sous le 16 mai la nécessité et les heureux résultats.

Aidez-nous aussi à propager l'instruction et à faire que bientôt il n'y ait plus une seule commune qui ne possède une bibliothèque scolaire ou une bibliothèque populaire. Ainsi nous livrerons aux jeunes gens qui sortent de l'école les moyens d'occuper leurs loisirs en développant leur intelligence ; et, en leur donnant le goût et l'habitude de la lecture, nous préparerons aux générations nouvelles l'exercice plus régulier et plus facile de leurs droits électoraux. (Applaudissements).

Quel moment pourrait être plus propice pour entreprendre, en dehors de toute préoccupation électorale immédiate ou personnelle, cette œuvre de propagande nécessaire? Nous vivons sous un gouvernement libre qui n'ayant rien à redouter du développement de l'esprit humain ne saurait concevoir la pensée d'y apporter d'inutiles entraves et qui appelle au contraire de tous ses vœux les travaux de l'intelligence et le progrès de la civilisation. (Nouveaux Applaudissements).

Comment le gouvernement républicain qui suscitait, il y a peu d'années, de vives appréhensions dans une portion du public s'est-il emparé peu à peu des esprits, au point de conquérir une majorité assez puissante et assez résolue pour le défendre contre toutes les attaques et pour résister victorieusement à tous les excès de la pression officielle?

Il est nécessaire pour s'en rendre compte de se reporter par la pensée au début de la période de sept années qui vient de s'écouler.

Messieurs, cela n'a été le résultat ni d'une passion ni d'un engouement irréfléchis. Le patriotisme y a joué le principal rôle, et c'est ce qui donne à cette évolution des esprits le caractère d'un exemple utile à invoquer auprès de ceux dont les dernières défiances ne sont pas encore dissipées et que notre tâche consiste à amener successivement à une juste appréciation des nécessités politiques et des besoins du pays.

Messieurs, rappelez-vous quelle était la situation au lendemain de la paix de 1871. L'unité de la Patrie cruellement atteinte par le démembrement qui avait été la conséquence de nos désastres, n'était pas moins gravement menacée dans l'ordre intellectuel par la funeste division des partis qui s'était fait jour au sein de l'Assemblée nationale, et, en face de trois monarchies inconciliables, la République se présentait, contestée, il est vrai, dans son existence et dans son principe, ne disposant point encore de la majorité, mais ayant pour elle l'existence de fait et l'appui d'une fraction du corps électoral presque aussi nombreuse à elle seule que les trois autres ensemble.

Après de longs mois d'attente, à la suite de tentatives dont l'avortement est encore présent à vos mémoires, il est devenu évident même pour ceux qui avaient souhaité le rétablissement de la monarchie qu'aucun des partis monarchiques ne serait assez puissant pour faire triompher le régime politique dont il avait fait l'objet de ses préférences. Il est devenu évident que ces trois partis coalisés et se faisant mutuellement contre-poids aboutiraient tout au plus à tenir la République en échec et à prolonger dans la nation un état provisoire qui compromettait ses intérêts, sa dignité et sa sécurité, qui provoquait toutes les ambitions et toutes les audaces et qui laissait planer une incertitude mêlée d'anxiété sur son avenir.

Alors, beaucoup d'hommes qui n'avaient pas souhaité la République ou qui eussent même préféré un autre régime, mais qui voulaient avant tout que le pays eut un gouvernement régulier et libre, se sont demandé pourquoi résister plus longtemps à la nécessité et à l'évidence.

Attendrons nous éternellement, se sont-il dit, que des partis impuissants à se mettre d'accord aient reconnu la vanité de leurs espérances ? Accepterons-nous qu'après n'avoir rien pu fonder pour eux-même, ils en tirent vengeance sur le pays qui n'est point responsable de leurs déceptions, en lui interdisant de rien fonder en dehors d'eux, en le condamnant à devenir le jouet du hasard et à n'avoir qu'un pouvoir précaire et destitué de toutes règles de transmission régulière? Faut-il que nous vivions au jour le jour, sans institutions et sans lendemain, parce que tel représentant de l'un des régimes déchus, n'a point encore trouvé l'heure propice pour renoncer à s'enfermer dans les traditions du passé et pour s'accommoder des aspirations et des droits de la France de 89? (Applaudissements). Sommes-nous donc comdamnés à nous consumer dans de stériles tentatives, toujours avortées et toujours renaissantes, et notre pays incapable de se fixer d'une manière durable en un point de l'horizon politique, est-il destiné à passer perpétuellement par mille expériences qui le découragent et qui l'épuisent, semblable dans sa mobilité et dans sa course errante à ce drapeau dont parle le Dante, à ce drapeau déployé qui tournoie sans cesse et qui ne se pose jamais ? (Applaudissements prolongés).

Alors, Messieurs, il s'est trouvé dans le pays un grand nombre de citoyens, dans l'Assemblée un nombre suffisant pour former la majorité qui ont accepté la République comme le seul gourvernement possible, qui se sont attachés à elle comme à une espérance de stabilité et de paix succédant aux agitations et aux incertitudes de la veille et leur nombre grandissant chaque jour est apparu dans le pays comme une victoire irrécusable du patriotisme sur l'esprit de parti.

Pourquoi vous seriez vous mis en opposition avec ce courant national ? La République constitutionnelle n'avait rien qui put vous alarmer, car elle n'avait rien de commun avec ces gouvernements utopistes qui visent à bouleverser toutes les institutions et toutes les existences pour se donner le vain plaisir de fonder à leur image une societé nouvelle.

Tout au contraire, elle apparaissait dans notre pays, au milieu des institutions et de la société démocratique que la révolution de 1789 à créées et dont elle a la persuasion d'être dans l'ordre politique, l'expression la plus complète. Sans doute elle ne répudie pour l'avenir aucun des progrès que ces institutions peuvent comporter et qui sont dans un gouvernement régulier l'œuvre du temps et de l'étude. Mais pour s'adapter naturellement à notre pays et à la Société française, elle n'avait aucun changement à y introduire et il lui suffisait d'apporter avec elle deux biens, dont chaque jour vous appréciez davantage la valeur, et de placer au sommet la liberté politique, et à la base une plus large indépendance communale. (Bravos et applaudissements.)

Messieurs, depuis sept ans vous avez vu ce gouvernement à l'œuvre ; vous l'avez vu maintenir l'ordre, protéger les intérêts, panser les blessures de la guerre, présider avec un bonheur inespéré au rapide relèvement de notre pays, et en ce moment même vous assistez avec admiration au succès de cette exposition à laquelle le gouvernement de la République a convié toutes les nations des Deux Mondes, qui résume dans les splendeurs qu'elle étale aux regards, tout un programme de travail et de paix. (Applaudissements répétés.)

Voilà les véritables raisons de l'adhésion empressée et persistante de l'opinion publique au gouvernement républicain. Ses débuts ont été difficiles et semés d'embûches, mais chacune des tentatives dirigées contre son existence, a eu pour résultat de mieux démontrer sa vitalité, et chaque jour qui s'écoule lui apporte une force nouvelle en opérant des vides toujours plus nombreux dans les rangs des partis hostiles et en réduisant à des perspectives plus lointaines, les espérances des factions. Aujourd'hui nous en sommes arrivés à l'heure où la République a surmonté les périls qui pouvaient lui venir du dehors et où il est permis de dire que son avenir ne dépend plus que d'elle même et de la sagesse du parti républicain. (Applaudissements).

Messieurs, quand je me sers de ces paroles, je ne saurais oublier les transformations que le temps à produites dans les rangs et dans l'esprit du parti dont je parle. Quand je dis en effet que le sort de la République est entre les mains du parti républicain, je pourrais concevoir quelque

appréhension s'il s'agissait du parti
que nous avons connu autrefois, alors
qu'un petit nombre d'hommes pleins
d'ardeurs généreuses, mais condamnés à une état de minorité qu'ils sup-
portaient en frémissant, et constam-
ment éloignés des affaires publiques,
avaient contracté, au sein d'une opposition sans espoir, des habitudes d'esprit et de conduite quelquefois peu
compatibles avec l'exercice prudent
du pouvoir et avec la pratique d'un
gouvernement régulier.

Mais dans un pays de suffrage universel, les partis politiques ne se ren-
ferment point dans ces étroites li-
mites. Ils se composent de tous ceux
dont les suffrages se sont réunis
dans une pensée commune. Le parti
républicain, à l'heure actuelle, c'est
cette masse innombrable d'électeurs
qui se sont prononcés en 1876 et en
1877, pour le maintien et pour la con-
solidation des institutions républicai-
nes, le parti à la sagesse et au patriotisme duquel le sort de la République est
confié et auquel il appartient de la
diriger par ses votes, dans les voies
de la prudence et de la modération,
c'est la majorité de la nation, c'est

vous tous, hommes de labeur et de sage conduite, qui m'entourez. Propriétaires, cultivateurs, artisans, c'est vous ! (Explosion de bravos,— applaudissements répétés.)

Est-ce à dire pour celà que nous n'ayons plus d'obstacles à surmonter, de difficultés à vaincre ? Non, Messieurs. Il y a longtemps qu'on a dit avec raison que les gouvernements n'étaient point des tentes dressées pour le sommeil. Nous avons à lutter chaque jour, avec votre concours, nous avons à tenir compte des difficultés spéciales qui sont dans un pays divisé, celles de tout gouvernement à sa naissance, quand il rencontre en face de lui les intérêts qui s'étaient groupés autour des régimes antérieurs ; les liens de société qui s'étaient formés avant son avènement et que dérange ou déconcerte l'introduction d'un élément nouveau dans les relations sociales.

Nous aurons donc à lutter contre des oppositions irritées et ardentes. C'est le sort de tous les gouvernements, c'est plus particulièrement la loi des gouvernements libres, comme c'est leur devoir de lutter par la pa-

role et par la persuasion, par les succès qu'ils obtiennent auprès de l'opinion publique-

Et puis à côté de ces luttes publiques, nous rencontrons une question qui s'impose toujours avec plus
ou moins d'urgence à tout gouvernement nouveau et qui a pris depuis
quelques temps une large place dans
les discussions du dehors et dans les
préoccupations de l'opinion, je veux
parler de la question des fonctionnaires. Il serait puéril de dissimuler
qu'on y attache en ce moment dans
une notable portion du pays une im-
portance considérable ; et, soit dit en
passant, c'est encore un trait à ajou-
ter à la physionomie de ces singu-
liers perturbateurs qui composent le
parti libéral et qui songent si peu à
porter sur les institutions du pays
une main téméraire ou à céder aux en
traînements d'un esprit de réforme
outré, que depuis un an, ils semblent
s'être exclusivement cantonnés dans
le modeste désir de rétablir l'ordre au
sein des administrations publiques
et d'introduire entre nos institutions
politiques et l'attitude ou le langage
des agents de l'Etat une harmonie

nécessaire. (Hilarité et applaudissements).

Messieurs, il y a là une œuvre qui
doit être conduite avec fermeté et
avec prudence et pour laquelle la loi
elle-même nous impose le devoir de
compter, dans beaucoup de cas, sur
le concours du temps ; une mesure
qui demande beaucoup de réflexions
dans un pays démocratique et cen-
tralisé comme le nôtre, où le nombre
des agents de l'Etat est innombrable
et grandit chaque jour, où il est in-
dispensable de s'abstenir de toute mesure qui revète un caractère révo-
lutionnaire et excessif et où il faut
concilier avec la soumission et le
respect dûs au gouvernement et aux
institutions du pays les ménagements
que comportent à la fois des situa-
tions dignes d'intérêt et de longs et
anciens services.

Pour ma part, j'estime que cette
question ne peut être résolue sans
distinction, car il existe entre le rôle
et les attributions des divers agents
de l'Etat, des différences qui éclatent
à tous les yeux.

Il y a d'abord les agents politiques,
ceux qui sont dans nos départements

les représentants et les organes de la pensée ministérielle, dont les rapports avec le pouvoir supposent nécessairement la condition d'une confiance absolue et réciproque. Personne n'a jamais songé qu'ils puissent être choisis par un gouvernement autrement que parmi les hommes qui s'inspirent de sa pensée et de ses tendances. et qui sont énergiquement résolus à le défendre et à s'efforcer de lui conquérir, par leur attitude et par leur sage conduite la sympathie de leurs administrés. (Applaudissements).

Puis, à côté des fonctionnaires de l'ordre politique, il en est un beaucoup plus grand nombre qui exercent au nom de l'Etat et sous le contrôle du Gouvernement une mission placée en dehors de l'action des partis ; qui sont appelés à gérer à des titres diverses les intérêts publics confiés à leur garde et dont l'impartialité est le premier devoir vis-à-vis des citoyens avec lesquels leurs fonctions les mettent en rapport.

A ces derniers je crois que le parti républicain n'a à demander ni quels sont les sentiments secrets qui s'agitent au fond de leur cœur, ni à plus forte raison quelle est la date de leur conversion. À plus forte raison encore se garderait-il d'imiter l'exemple de ses adversaires et de recourir auprès d'eux à la pression ou à la menace pour en obtenir des services électoraux. (Applaudissements).

Mais il a le droit et le devoir de demander à tous ceux qui relèvent de l'Etat à un titre quelconque la soumission aux lois, le respect dû au gouvernement qu'elles ont institué et aux agents qui la représentent d'une façon plus spéciale et qu'il a investis de sa confiance.

A ceux-là nous disons : Etes-vous prêts à remplir fidèlement et loyalement votre mission sans y apporter de préoccupations extérieures ? Etes-vous prêts à observer dans vos relations avec vos administrés, êtes-vous prêts à observer dans les relations officielles ou autres que les convenances comme la tradition de vos fonctions vous commandent d'entretenir avec les différentes autorités de la République, l'attitude qui convient à des serviteurs de l'Etat respectueux du principe d'autorité et étrangers aux passions politiques? Nous n'avons pas à vous demander autre chose.

Mais si les passions de l'esprit de parti se sont emparées de vous, sous la pression des événements; et si elles vous dominent à ce point de vous faire visager dans les décisions que vous avez à prendre, l'influence qu'elles peuvent mettre au service des ennemis du gouvernement; — si étant convaincus que l'existence de la République constitue pour la France un péril; vous obéissez à un devoir supérieur envers vos convictions et envers votre parti en recherchant toutes les occasions de la combattre et d'entraver ses progrès ; — si vous avez de votre pays et de ceux qui le gouvernent une assez fâcheuse idée, pour être invariablement portés à considérer que les partisans du régime républicain doivent être traités par vous comme des hommes dangereux ou suspects et à réserver à ses adversaires votre bienveillance ou vos faveurs; — Si le soin de votre dignité, — dont vous êtes maîtres, — vous interdit d'entretenir avec les représentants du pouvoir et avec les élus du suffrage

universel les relations de courtoisie
et de déférence qui sont nécessaires
à la bonne harmonie de services publics; — alors poussez votre dignité
jusqu'au bout.... (Applaudissements
répétés), et faites au gouvernement
comme citoyens l'opposition que vos
convictions exigent de vous. Mais ne
nous demandez pas de vous faciliter
cette œuvre. Ne nous demandez pas
de vous permettre de puiser dans
les fonctions exercées au nom de
l'Etat, l'autorité qui vous manque-
rait personnellement pour exercer
une action sur les populations qui
vous entourent, et de constituer ainsi
au profit des adversaires du gouvernement établi, les bénéfices d'une sorte
de candidature officielle d'un genre in-
connu jusqu'ici (Nouveaux applaudissements).

Aucun régime si prudent et si me-
suré qu'il soit ne saurait se prêter à
ce renversement de toutes les régles;
et si j'éprouve pour ma part un éton-
nement profond c'est quand je vois
les notions de gouvernement et la
précision même de notre langue
s'obscursir à ce point, qu'on en soit
venu dans certains milieux à considé-

rer comme autant d'actés violents ou coupables les mesures prises par un gouvernement qui cherche à s'entourer des partisans dévoués de sa politique et qui demande modestement à ses adversaires d'opter entre leur opposition et le mandat qu'ils tiénnent du pouvoir (nouveaux et vifs applaudissements).

Voilà Messieurs touté notre politique.

A ceux qui cherchaient à égarer le pays en calomniant nos intentions nous avons répondu par nos actes et confirmé nos déclarations par notre conduite publique.

A ceux qui demandent un gouvernement régulier et stable, nous disons : La République est ce gouvernement. La France l'a reçue des mains de la nécessité. Elle y a trouvé un abri. Elle ne veut pas s'en séparer pour courir de nouvelles aventures. Aidez-vous donc à assurer la pratique paisible de nos institutions. La porte en est ouverte à tous les hommes de bonne volonté, car c'est véritablement le gouvernement de tous par tous. (Applaudissements).

A ceux que le courant de la politique libérale inquiète et qui cherchent à faire passer sans cesse devant nos yeux la vision du péril social, nous répondons qu'en effet, ce péril existe. Il ne date pas d'hier. On le rencontrait déjà il y a plus de deux mille ans dans le gouvernement des villes Grecques et dans celui de la République Romaine. Au sein de toute civilisation puissante et raffinée fermentent de mauvaises passions. Il y a eu dans tous les temps des esprits turbulents ou criminels, des hommes prêts à suivre les suggestions du vice ou de la misère. La mission du gouvernement est d'avoir l'œil sur les périls qu'ils peuvent faire courir à l'ordre public et vous pouvez être assurés que le gouvernement actuel ne faillira pas à cette tâche. (Vifs applaudissements).

Mais ce que nous contestons, ce que le public éclairé se refuse comme nous à admettre, c'est que ce péril qui est de tout les temps et de tous les pays soit plus grave ou plus pesant en France et à l'heure actuelle, que dans tout autre nation et dans tout autre période de notre histoire. (Nouveaux applaudissements).

Ce que nous n'admettons pas davantage, c'est qu'on généralise l'accusation après l'avoir aggravée. C'est qu'on fasse des erreurs ou des vices d'un petit nombre le crime de tous ; c'est qu'on nous présente le péril social, non pas comme résidant dans les bas fonds des sociétés contemporaines, mais comme renfermé dans les doctrines, dans les aspirations et dans les votes de la majorité du pays. C'est une injure à la vérité et à la France. (Applaudissements). C'est l'outrage le plus caractérisé qu'on puisse adresser à une nation fière, riche, pacifique, vivant d'ordre et de travail, honorée et respectée dans le monde. (Nouveaux et vifs applaudissements).

Savez vous ce qui pourrait constituer un véritable péril social ? Ce seraient les doctrines et les pratiques que nous avons combattues ensemble. Ce serait le retour effectif d'une politique d'ancien régime analogue à celle qui a menacé la France il y a un an, d'une politique qui ne saurait prévaloir au sein de notre société sans rejeter l'immense majorité du pays dans les rangs des mécontents et des vaincus. Voilà où est le péril social ?

Il est renfermé tout entier dans les gouvernements de minorité et de coterie.

Il est dans cette politique exclusive et dédaigneuse qui semble mettre son honneur à planter, sur une cime si élevée et si étroite, son drapeau dont les couleurs sont différentes du nôtre, (applaudissements répétés) qu'un petit nombre d'élus parviennent seuls à l'atteindre et que le reste de la nation blessé dans ses droits, contrarié dans ses tendances, humilié dans sa légitime fierté, semble tout prêt à devenir la proie des agitateurs. (Nouvelle salve d'applaudissements).

Messieurs, nous nous efforçons d'opposer à cette politique, celle qui s'appuie sur le suffrage universel et qui a foi dans la sagesse de la France et dans la vitalité des institutions qu'il s'est donnée. C'est à cette politique vraiment nationale, que que nous vous demandons de continuer votre concours. Nous en avons besoin, car vous tenez dans vos bulletins de vote les destinées du pays, et nous savons que vos suffrages ne font point défaut à ceux qui veulent que la République soit un régime d'ordre, de paix et de modération. Permettez-moi donc, en terminant, de boire au succès de la politique du 14 Octobre et du 14 Décembre, la seule qui soit vraiment conservatrice et libérale, la seule qui puisse assurer au pays la tranquille jouissance de ses droits et le mettre à l'abri du fléau des révolutions. (Acclamations répétées).